Theophano

Oper in drei Aufzügen

Otto Anthes, Paul Graener

Alpha Editions

This edition published in 2022

ISBN : 9789356376373

Design and Setting By
Alpha Editions
www.alphaedis.com
Email - info@alphaedis.com

Personen

A l e x i o s , der junge Kaiser der Romäer

T h e o p h a n o , seine Zwillingsschwester

H a r a l d , der Waräger, des Alexios Jugendgespiele

E u d o k i a , Hofdame der Theophano

D e r A b b a s des Klosters Laura am Athosgebirge

E r s t e r
Z w e i t e r } A r c h o n t
D r i t t e r

E i n G e t r e u e r des Kaisers

Mönche des Klosters Laura, Archonten, Generale, Soldaten, Gefolge des Kaisers, Sklaven und Sklavinnen der Theophano, Tänzer und Tänzerinnen, ein Henker und zwei Gehilfen.

Die Handlung des ersten Aufzuges geht im Hofe des Klosters Laura vor sich; der zweite und dritte Aufzug spielen im Kaiserpalast zu Byzanz.

Zeit: Das frühe Mittelalter.

Erster Aufzug.

Der Hof im Kloster Laura am Athosgebirge. Links, sich in die Tiefe der Bühne erstreckend, das Klostergebäude; das Erdgeschoß massiv, fensterlos; das Stockwerk mit zahlreichen kleinen vergitterten Fenstern versehen. Ganz vorn ein gewölbter Durchgang, der die ganze Höhe des Erdgeschosses einnimmt und in den äußeren Klosterhof führt. Weiter zurück eine kleine Pforte, zu der zwei Stufen emporsteigen. Das ganze Haus nicht sehr hoch, so daß darüber hinweg eine mächtig anstrebende Felswand sichtbar wird, in deren Spalten vereinzelte Taxusbäume und seltsame, große Blumen wachsen. An dem Hause entlang läuft, durch eine niedere Mauer gegen den Abgrund abgegrenzt, ein schmaler Gang, der in der Tiefe der Bühne um das Gebäude herumbiegt.

Nach rückwärts ist der Hof ebenfalls durch eine niedrige Mauer geschlossen, die sich in der Mitte etwa zu einem hinausspringenden Balkon ausbuchtet. Darüber hinweg sieht man in der Tiefe das ägäische Meer, tiefblau, mit einzelnen fernen, weißschimmernden Inseln.

Rechts die Kirche; das Mauerwerk plump, massig, schmucklos. Das Portal mit Mosaik und Gold schier überladen. Breite Stufen führen zum Portal hinauf. Im Winkel zwischen Kirche und Hofmauer hängt unter einem Holzdach eine Glocke, die mit der Hand geschlagen wird. Hinter der Kirche hervor zieht sich das Waldgebirge im Bogen gegen die Mitte des Hintergrundes, um in einem trotzigen Vorgebirge zu enden.

Im Hof ein alter Brunnen, aus dessen innerem Mauerrand ein Ölbaum hervorwächst. Eine primitive Schöpfvorrichtung. Eine Steinbank an der Mauer im Hintergrund. Zwischen Bank und Balkon in der Mauer befestigt, ein plumpes Holzkreuz, der Gekreuzigte mit grellen Farben bemalt.

Es ist Morgen. Gleißender Sonnenschein liegt auf dem Hofe, auf den weißen Mauern, über der blauenden Ferne.

A l e x i o s und H a r a l d

(beide in weißer, klösterlicher Tracht, treten aus der kleinen Pforte links).

A l e x i o s :

Wie dieses Morgens Schönheit
mit Weh die Seele füllt!

H a r a l d :

Warum mit Weh?

A l e x i o s :

Als raffte meine Jugendwelt
all' ihre Köstlichkeit in eins,
um mir den Abschied zu erschweren.

H a r a l d :

M i r steht die Welt in F e s t e s flammen,
und diese Sonne jauchzt T r i u m p h .

A l e x i o s :

Hast du, mein Freund, niemals empfunden,
daß Sonne – d r o h t ?

H a r a l d (den Kopf schüttelnd):

Ich bin des Nordens Enkelkind.
Hab' ich das düst're Land
auch selber nie geseh'n –
der Väter Seele lebt in mir
und ihre wilde, wehe Sucht,
der Sonne nachzuzieh'n.
Wallfahrten geht des Nordens Herz
viel hundert Jahre schon
dem Süden zu.
Mit süßen Schmerzen lockt sein Gold,
sein Purpur und sein Blut.

(Er breitet sehnsüchtig die Arme nach dem Meer.)

– Nun wird die Sucht gestillt.
Dort liegt Byzanz!
Und morgen
sind unter Segel wir dahin.

A l e x i o s :

Byzanz! Hast du vergessen,
daß wir Byzanz schon einmal sahen?
Daß wir als Kinder schon einmal
sein wildes Schrein vernahmen?
Klingt in den Ohren dir nicht mehr
das Wutgebrüll des Volks,
das, meinen Vater hingeschlachtet,
den Purpur von dem Leichnam riß
und kam, den Sohn zu töten?
Weißt du nicht mehr, wie wir bei Nacht
davongetragen wurden, weinend?

Wie wir von Schiffes Bord
die Flammen grausend sahen,
die Palast und Haus verzehrten?
Byzanz, die Mörderin!
So seh' ich sie.

H a r a l d :

Nur umso stolzer macht mich das.
Als Flüchtling gingst du einst,
als K a i s e r kehrst du wieder!

A l e x i o s :

Als Kaiser! Ich versteh' es nicht.
Dasselbe Volk,
nach meinem Blute schrie es damals;
nun holt es mich hervor
aus meiner Einsamkeit,
daß ich es knechten soll.

H a r a l d :

So knechte es! Wie's ihm gebührt.
Steh' auf der kaiserlichen Höh',
unnahbar!
M i r doch gib dein Schwert!

A l e x i o s :

Mich lockt es nicht wie dich.

(Auf den Balkon im Hintergrunde tretend.)

Wie lebt' ich still und friedlich
in diesen Klostermauern!
Rein war die Luft und rein das Herz.
Die böse Welt, sie lag dahinten,
das blaue Meer
war Grenze meines Seins.
Und wenn mein Sehnen jene Inseln
mit heißem Wünschen überflog,
wars um die Schwester nur.
Theophano!
Nicht um des Thrones schimmernde Pracht,
um dich allein, Theophano!

H a r a l d :

Liebst du sie so,
die du doch kaum gekannt?

A l e x i o s (weich):

Die Zwillingsschwester!
Mir ist, als wäre
meines Wesens Hälfte dort.
An e i n e r Mutter Herz zugleich
sind wir gelegen im Dunkel des Werdens.
E i n Herzschlag hat uns belebt,
e i n Blut uns genährt.

H a r a l d :

Ob sie wohl schön geworden ist?

A l e x i o s :

Seltene Kunde
kam mir von ihr.
Eine große Prinzessin
ist sie im Kaiserpalast.

H a r a l d :

Eine große Prinzessin!

A l e x i o s :

Goldgestickte Seide
fließt um ihren Leib.

H a r a l d :

Seide um ihren Leib!

A l e x i o s :

Und der Sklavinnen Schar
zittert vor ihrem Wink.

H a r a l d :

Schöner Sklavinnen Schar!

A l e x i o s :

Ihre rufende Stimme
dringt an mein brüderlich Ohr.
Byzanz, die Mörderin – sei ihr's vergeben!
Byzanz, die Brennerin – sei ihr's verzieh'n!

Denn sie umschließt
was ich liebend ersehne.
Aus dem düsteren Grauen,
das mir die schreckliche Stadt umhüllt,
winkt mir der Schwester weißleuchtende Hand.

H a r a l d :

Byzanz, die Spenderin
köstlicher Freuden,
wie ich sie lechzend ersehne!
Wunderschöne Frauen
winken mir lächelnd mit weißer Hand.

E i n M ö n c h

(ist aus dem Hintergrunde den Gang am Haus entlang gekommen und zur Glocke gegangen, die er nun schlägt):

A l e x i o s (zusammenfahrend):

Die Stunde schlägt. Harald,
meines kindlichen Jammers Gefährte,
meiner Einsamkeit Gespiel' –
bleibe bei mir! Verlaß mich nicht,
wenn sie mich mit der Krone beladen!

H a r a l d :

Faß dich, Alexios!

D i e M ö n c h e und K n a b e n

(des Klosters kommen, zwei und zwei, den Gang entlang und ziehen zur Kirche, indem sie psalmodieren):

Ich will in dein Haus gehen auf deine große Güte
und anbeten gehen deinen heiligen Tempel in deiner Furcht.
Küsset den Sohn, daß er nicht zürne.
Dienet dem Herrn mit Furcht
und freuet euch mit Zittern.
Küsset den Sohn, daß er nicht zürne,
daß ihr nicht umkommt auf dem Wege.
Denn sein Zorn wird bald entbrennen.
Wohl aber denen, die auf ihn trauen.

A l e x i o s :

Küsset den Sohn,
daß ihr nicht umkommet auf dem Wege.

D e r   A b b a s

(von zwei dienenden Mönchen gestützt, tritt aus der kleinen Pforte links. Nachdem sie ihm die Stufen herabgeholfen haben, bleiben sie wartend links stehen.)

A l e x i o s (dem Abbas entgegen):

Heiliger Vater, muß ich nun scheiden?

A b b a s :

Ich scheide nicht von dir.
Meine Gebete folgen dir nach.

A l e x i o s :

Lieber Vater!

A b b a s :

Vater ist Einer!
Dem Heimatlosen
Hab' ich die himmlische Heimat gewiesen.
Nun führt dich eine kleine Weile
Der Herr auf einem anderen Weg.

A l e x i o s :

Mir graut vor diesem Weg.

A b b a s :

In deinem Herzen hab ich
ein himmlisch Licht entzündet.
Trag's in das düstre Grauen,
und die Nacht wird hell.
Christus hat dich erwählt,
Christus hat dich gestählt,
sein Werkzeug zu sein.
Viele Kaiser hat es gesehen,
das hehre Byzanz.
In Sünden auf den Thron gestiegen,
in Sünden geherrscht,
in Sünden gefallen –
sei du ein reiner Kaiser!
Laß der Reinheit weiße Sonne
nun mit mildem Freudenschein
strahlen über sie!

A l e x i o s (mit leuchtendem Angesicht):

Ja, ich will vor dem Throne stehn
als ein Diener Christ's des Herrn.
Lächelnder Friede soll vom Palaste
durch die schauernden Gassen geh'n.

(ganz entzückt):

Über das Meer wie weiße Schwäne
sollen die Schiffe die Flügel heben.
Und am fernsten Waldgebirge
blase der Hirt die Friedensschalmei.

A b b a s :

Amen.

(Er winkt den beiden Mönchen, sie treten an den Brunnen heran.)

D e r   e r s t e   M ö n c h

(senkt den Krug in die Tiefe und zieht ihn wieder herauf, füllt einen Becher, der in einer kleinen Vertiefung des Brunnenrandes steht, und reicht ihn dem Abbas.)

A b b a s

(reicht ihn dem Alexios, feierlich):

Trinke, mein Sohn!
Keusches Wasser aus heiligem Felsen,
kühl und rein,
heilige dich in dieser Stunde
wider den heißen,
trüben Trank der Welt!

(Er winkt dem zweiten Mönch.)

D e r   z w e i t e   M ö n c h

(bricht einen Zweig vom Ölbaum und reicht ihn dem Abbas.)

A b b a s

(reicht ihn dem Alexios, wie oben):

Dies Zweiglein mahne dich
an deiner Jugend seligen Frieden.

A l e x i o s :

An meiner Jugend seligen Frieden.

(Er birgt den Zweig auf seiner Brust und sinkt vor dem Abbas aufs Knie. Von draußen hört man Trompeten der Abgesandten von Byzanz.)

Abbas:

Der Ruf ertönt. Nun folge deiner Pflicht!

(Indem er Alexios noch einmal segnet, schreitet er langsam, auf die beiden Mönche gestützt der Kirche zu.)

(Aus dem Durchgang links kommt der Zug der Byzantiner. Antike Trompeten voran. Archonten mit ihren Pagen, Generale, Soldaten.)

Erster Archont:

Alexios,
des Alexios Sohn,
Purpurgeborener!
Das Volk der Romäer, das uns gesandt,
aus Wirrsal und Not Erlösung heischend,
deines ruhmreichen Stammes gedenkend,
ruft dich zum Kaiser durch mich.

Alexios:

Ich bin bereit.

(Es nähern sich der zweite und der dritte Archont, jeder von einem Pagen gefolgt. Der erste Page trägt auf einem Kissen die roten Schuhe, der zweite den Purpurmantel.)

Erster Archont:

Laß dich mit Kaisers Gewand bekleiden,
daß du geheiligt die Schwelle beschreitest
unserer Hagia Sophia,
wo du am Altar die Krone dir nimmst!

Zweiter Archont

(nimmt die roten Schuhe und zieht sie dem Alexios an.)

Erster Archont:

Heilig dein Fuß!
Heilig die Erde, die er betritt!
Heilig die Erde,
die dein Fuß betritt!

Dritter Archont

(legt dem Alexios den Purpurmantel um.)

Erster Archont:

Heilig dein Leib,
vom ewigen römischen Purpur umwallt!
Alexios, Kaiser der Romäer!

Zweiter und dritter Archont:

Heilig die Erde, die dein Fuß betritt!
Heilig dein Leib im ewigen Purpur Roms!

(Alle, mit Ausnahme Alexios und Haralds, fallen zu Boden nieder.)

Alexios (zu Harald):

Es schauert mich.
Mir ist, als wär' ich in ein Meer
von Blut getreten,
und blutig flösse es herab
von meinen Schultern.
Nur noch das Haupt ist frei und rein,
und seiner harrt die Perlenbinde
in Hagia Sophia.

Harald:

Sei stark! Und laß die andern zittern!

Alexios

(sich fassend, zu den Byzantinern):

Steht auf!

(Die Byzantiner erheben sich.)

Die drei Archonten:

Christus erhalte Deinen Ruhm!
Herr der Welt, allmächtiger Gott –
Der wunderbar aus dem Grab Erstandene,
Er erhalte dich lange Zeit!

Alle Byzantiner:

Christus erhalte seinen Ruhm
noch lange im kaiserlichen Purpur!
Er gewähre dir viele Jahre,
er erhalte dich lange Zeit!

A l e x i o s

(grüßt mit der Hand und wendet sich der Kirche zu. Die Kirchentüren werden aufgestoßen, Mönche und Knaben, an der Spitze der Abbas, treten aus der Kirche und bleiben auf den Stufen des Portals stehen.)

D i e M ö n c h e u n d K n a b e n :

Herr, der König freuet sich in deiner Kraft,
und wie fröhlich ist er über deine Hilfe!

A l e x i o s :

Herr, der König ängstet sich
und bangt nach deiner Hilfe.

D i e M ö n c h e u n d K n a b e n :

Du gibst ihm seines Herzens Wunsch,
Du weigerst nicht, was sein Mund bittet.
Du überschüttest ihn mit gutem Segen,
Du setzest eine goldne Krone auf sein Haupt.

(Der A b b a s , A l e x i o s und H a r a l d treten in die Kirche. Während die anderen folgen, schließt sich der Vorhang.)

Zweiter Aufzug.

Haus der Prinzessin Theophano in den großen kaiserlichen Gärten zu Byzanz. Der Vordergrund stellt eine nach rückwärts offene, von schlanken Säulen getragene Halle dar. Mosaikfußboden. Die Öffnungen zwischen den Säulen können durch Vorhänge geschlossen werden. Nach hinten schweift der Blick in einen weiten Garten. Der Hintergrund ist durch eine weiße Mauer geschlossen. Darüber hinweg sieht man die Kuppeln und Türme von Byzanz vor einem dunkelglühenden Abendhimmel. Links läuft den Garten entlang ein goldschimmernder Gang in die Tiefe. Ganz hinten nach links hin der Ausgang ins Freie. In der Mitte der linken Seitenwand eine Tür für die Dienerschaft. Vorn eine andere, groß, vergoldet, von einem schweren Vorhang überhangen. Dieser Tür gegenüber endet die Außenwand des Ganges in einer mächtigen Ecksäule, die in Sehhöhe das blasse Gesicht Christi mit der Dornenkrone wie aufgemalt zeigt. Rechts ist in den Garten hinaus ein runder Pavillon eingebaut, um einige Stufen erhöht, mit zierlichen Säulchen, die ein Kuppeldach tragen. Unten schmiegt sich an die Rundung des Pavillons eine mit Kissen belegte Marmorbank. In der Halle Sessel und zierliche runde Tischchen.

Den Gang herauf kommen als Trabanten zwei riesenhafte Neger mit gezogenen Schwertern; hinter ihnen der Haushofmeister der Prinzessin mit dem goldenen Stab. Dann Theophano in Mantel und Schleier, ein kostbares Gebetbuch vor der Brust tragend. Hinter ihr Eudokia, noch weiter zurück mehrere Sklavinnen, zuletzt abermals Trabanten.

Theophano

(geht noch ein paar Schritte innerhalb des Hauses langsam und mit gesenktem Kopf, wie in frommes Sinnen verloren. Dann plötzlich – nachdem der Haushofmeister und die beiden Neger links Aufstellung genommen haben – wirft sie den Kopf zurück und kommt schnell nach vorn. Sie verneigt sich flüchtig vor dem Haupt mit der Dornenkrone und reicht das Buch der Eudokia, die es ihrerseits an die Sklavinnen weitergibt):

Hier nimm! Das Buch!
Nimm mir den Schleier ab! –
Den Mantel auch! – Und fort damit! –
Und fort sie alle!

Eudokia

(spreizt die Finger der rechten Hand radförmig gegen das Gefolge, das sich daraufhin zurückzieht).

T h e o p h a n o

(wirft sich in einen Sessel).

E u d o k i a

(steht abwartend daneben).

T h e o p h a n o :

Immer hängt das Geplärre der Priester
mir in den schmerzenden Ohren. –
Und ein Nebel von Weihrauch
füllt mir den armen Kopf. –

(Plötzlich):

Hast du ihn angesehen?

E u d o k i a :

Den Kaiser? – Ja. Er sah so bleich.

T h e o p h a n o :

Mir scheint, du siehst
stets nur den Kaiser.

E u d o k i a :

Er ist so schön.
Wenn am Altar er steht –
nur die Flügel fehlen ihm,
daß er ein Engel wäre.

T h e o p h a n o :

Seit wann, verkappte kleine Heidin,
glaubst du an Engel?

E u d o k i a (spitzbübisch):

Wenn Engel – Männer sind.

T h e o p h a n o

(lacht; dann plötzlich ernst werdend, erhebt sie sich und tritt dicht vor Eudokia):

Ehrgeizige Närrin!

Schau ich in deine listige Seele:
Daß du mir Kaiserin werden willst?

E u d o k i a

(verbeugt sich tief, indem sie mit den Händen eine abwehrende Geste macht).

T h e o p h a n o (herrisch):

Sag mir's noch einmal,
wie schon so oft:
Wo stammst du her?

E u d o k i a :

Aus Athen.

T h e o p h a n o :

Wer ist dein Vater?

E u d o k i a :

Ein Philosoph.

T h e o p h a n o :

Ein Schwätzer von Beruf (lacht höhnisch, kehrt zu ihrem Sitz zurück, plötzlich umgestimmt):

Eudokia,
du willst meine Freundin sein
und hast ihn nicht einmal angeseh'n!

E u d o k i a (neben ihrem Sessel knieend):

Wen, meine Prinzessin?

T h e o p h a n o (ihren Arm umklammernd):

Wen? – Harald!

E u d o k i a :

Das blonde Bild!

T h e o p h a n o :

Das blonde Bild!
Ich zittere, es in meinen Armen
zum Leben zu erwecken. –
Was weißt du, spielendes Kätzchen,
von Weiberschmerzen? –

(Mehr für sich, als zu ihr):

An diesem Hof,
wo alles Spiel ist:
Liebe und Haß,
Wollust und Mord –
geh' ich umher und suche
den schauernden Ernst der Lust;
suche ich den,
der meine Seele trunken macht.
Schamlos wie je ein Weib,
schäm' ich mich mehr als je ein Weib,
daß ich mich immer verschwendet habe,
Reichtum nie mit Reichtum getauscht.

(Mit ihren Fäusten ihre Brust schlagend):

Wieder die Stimme,
die mich verlockt: Bist du's,
der meine Seele trunken macht?

E u d o k i a :

Wessen bedarf es,
als eines Winks,
daß er zu deinen Füßen liegt?

T h e o p h a n o (aufstehend):

Nein! –
Wenn mein Bruder nicht wäre,
der liebe Narr,
der in weißen Wolken wandelt!
Er ist sein Freund –
ich wag' es nicht.

E u d o k i a :

Wag' es nur immer!

T h e o p h a n o (herrisch):

Schweig!

(Es tritt eine plötzliche Stille ein. Man hört von draußen verworrenen Lärm, der sich nähert.)

E u d o k i a (den Gang hinabspähend):

Der Kaiser!

A l e x i o s

(mit großem Gefolge durch das Tor im Hintergrund. Auf seinen Wink bleibt alles in der Tiefe der Bühne zurück. Er selbst kommt, nur von Harald gefolgt, den Gang herauf).

T h e o p h a n o (verbeugt sich tief).

E u d o k i a (fällt zur Erde).

A l e x i o s

(macht an der Ecksäule halt, küßt das Bild und kniet davor nieder, in langes, brünstiges Gebet versinkend).

H a r a l d

(hinter ihm stehend, heftet seine Augen unverwandt auf Theophano).

T h e o p h a n o

(richtet sich wieder auf und erwidert seinen Blick).

A l e x i o s

(erhebt sich nach einer geraumen Weile, macht das Zeichen des Kreuzes und wendet sich dann endlich zu Theophano, die sich wiederum tief verneigt. Er hebt sie auf und küßt sie auf die Stirn):

Theophano,
geliebte Schwester.
Nicht der Kaiser,
der Bruder kommt zu dir.
Lass' mich ein Weilchen bei dir sein!

T h e o p h a n o (auf einen Sessel weisend):

Mein kaiserlicher Herr und Bruder!

A l e x i o s (sich niederlassend):

Sitzen – ach ja!
Ich bin so müd' – und traurig.

(Vor sich hinstarrend):

Die Bosheit einer Welt
Liegt schwer auf meinem Herzen.
Grinsende, feile Begierde
seh' ich in jedem Aug',
geifernde, tückische Rache
lauert in jedem Wort.
In einer Wolke von Weihrauch
spür ich geheimes Gift.

Ich flüchte mich zu dir,
Theophano –

T h e o p h a n o

(die, vor ihm stehend, den hinter ihm stehenden Harald nicht aus den Augen gelassen, schrickt leicht zusammen und beugt sich über seine Hand):

Mein Herr und Bruder!

A l e x i o s (abwehrend):

Nicht so, Schwester!

(Er erblickt Eudokia, die noch immer kniet.)

Wer ist das dort! – Steh' auf!

E u d o k i a (erhebt sich).

T h e o p h a n o :

Eudokia, meine Dame
und Freundin auch.

A l e x i o s :

Komm!
Wenn du der Schwester Freundin bist,
bist du mir lieb.
Woher bist du?

E u d o k i a :

Aus Athen.

T h e o p h a n o :

Eines Philosophen Töchterlein.

A l e x i o s (unangenehm berührt):

Athen ist schlimm. Und Philosophen
sollten nicht Töchter haben.

E u d o k i a :

Ich möcht' ein Leiden kennen,
um meine Herkunft abzubüßen.

A l e x i o s (aufstehend):

Nicht leiden! Der Herr am Kreuz
hat für uns alle alles einst gelitten,
damit die Welt des L e i d e n s ledig sei.

E u d o k i a :

Wenn Leiden aber W o n n e wäre?

A l e x i o s (ungeduldig):

Nein!
Ich will das reine Glück der Welt.
Die Welt will Wermut in den Wein.

(Sich zu Theophano wendend):

Schwester!
Du fühlst wie ich.
Wenn mich keiner versteht,
du kannst nicht mißverstehen.
Du bist ich,
ich bin du.
Zwillingsgeschwister sind eins.
Aus aller Not
flieht mein Herz zu dir,
flieht es zu sich selber,
findet sich wieder bei dir.

(Er faßt sie bei der Hand und tritt mit ihr in den Garten hinaus.)

E u d o k i a (sich Harald nähernd):

Ob ich den Kaiser gekränkt?

H a r a l d

(in den Garten starrend, abwesend):

Der Kaiser ist gut.

E u d o k i a :

So schön ist er und traurig.

H a r a l d (wie oben):

Schön ist Theophano.
Die Düstere möcht' ich leuchten seh'n.

E u d o k i a (zugleich):

So schön ist er und traurig.
Ich möcht' ihn lachen seh'n,
den traurigen Kaiser.

A l e x i o s

(winkt Harald mit erhobener Hand).

H a r a l d (tritt eilig hinaus).

E u d o k i a (in zitternder Erregung):

Einmal – einmal –
ein glückliches Wort
schenkt mir, ihr hehren
Götter auf heimischer Burg!
Oder auch du, heilige Jungfrau!
Schenkt mir das Wort!
Wer es auch sei,
ich will ihn preisen,
will zu ihm beten,
wie nie ich getan.
Dirnen haben den Thron bestiegen,
Gauklerinnen schon Kaiser gebannt –
ich will hinauf,
ich will siegen:
Götter – Satan –
schenkt mir das Wort!

A l e x i o s

(kommt beruhigt und glücklich durch den Garten geschritten, hier einen Strauch liebkosend, dort sich zu einer Blume beugend).

E u d o k i a (leise):

Wie schön er ist! –
Schenkt mir das Wort! –
Das Wort!

A l e x i o s (für sich):

Wie ich die Stille liebe
und dieses Gartens Duft! –

(Eudokia gewahrend und zu ihr tretend):

Hab ich dir wehgetan,
Kind von Athen?

E u d o k i a :

Was du auch tust,
ist selige Wohltat, Herr.

A l e x i o s (sie aufhebend):

Keinem möchte ich Schmerzen bereiten,
und wenn ich strafe,
blutet mein Herz!

E u d o k i a :

Straf mich wieder!
Strafe mich immer!
Strafe von dir ist köstliche Lust.

A l e x i o s :

Bist du so böse, Kind von Athen?

E u d o k i a (leise):

Ja, ich bin bös. Deine himmlische Güte
hat mich, wie bös' ich bin, erst gelehrt.

A l e x i o s :

Lästere nicht!

E u d o k i a (sich vor ihm niederwerfend):

Sei barmherzig!
Tritt in den Staub mich!
Und ich küsse den heiligen Fuß.

A l e x i o s (zurückweichend):

Wesen, wer bist du?

E u d o k i a

(außer sich, ihm auf Knien nachrutschend):

Ich bin ein Weib.
Ich kann leiden,
ich kann beglücken,
kann beglücken und leiden in eins.
Gib mir die Stunde,
daß ich dir's weise,
daß ich das süße
Geheimnis dir enthülle,

das Geheimnis,
wie ich gekreuzigte Göttin dir bin.

(Sie umschlingt seine Knie.)

A l e x i o s (aufschreiend):

Satan, Satan,
weiche von mir! –
Christ, Überwinder
höllischer Mächte,
stehe mir bei! –
Hinaus, hinweg,
Höllendirne!

(Zu Theophano, die mit Harald herbeieilt):

Schick sie hinweg noch diese Stunde!
Schick sie ins Kloster!
Ein Meer dazwischen!
Daß ich niemals wieder
einen Boden mit ihr trete!

(Er geht in höchster Erregung, von Harald gefolgt, durch den Gang ab. Das Gefolge läßt ihn hindurch und schließt sich an.)

E u d o k i a (liegt vernichtet am Boden).

T h e o p h a n o

(steht an eine Säule gelehnt und betrachtet sie höhnisch):

Kleine Eudokia,
listige, kluge,
ist dir dein Streich mißglückt?

E u d o k i a

(auf den Knien zu ihr herankriechend):

Gnade, Gnade!

T h e o p h a n o:

Kleine Tochter
des Philosophen
streckt ihre Hände
der Krone zu.

E u d o k i a (näher):

Nicht ins Kloster!
Hab' Erbarmen!
Lass' deine Magd,
deine letzte, mich sein!

T h e o p h a n o :

Alles weiß sie,
die list'ge Dirne.
Nur, daß das Gold
der Krone brennt,
dieses eine wußte sie nicht.

E u d o k i a :

Lass' mich die niedrigsten
Werke verrichten!
Nur aus Byzanz
verbann mich nicht!

T h e o p h a n o :

Was kann ich tun,
da der Kaiser gesprochen?

E u d o k i a :

Dich liebt der Kaiser
mehr als sein Leben.
Leid' es nicht,
daß ich fern vergehe.
Sprich du ein Wort,
ein einziges nur –

T h e o p h a n o :

Warum nur sollt' ich?

E u d o k i a

(da Theophano lacht, mit flehend emporgehobenen Händen):

Lass' einen großen
Dienst mich dir tun!
Etwas gewaltiges,
etwas, das niemand anders dir tut!

T h e o p h a n o

(sie plötzlich bei den Händen fassend):

Etwas, das niemand anders mir tut?
– Schaffe ihn mir!
Den blonden Waräger!
Schaff' ihn zur Stunde
hierher zu mir!
Such' ihn und hol' ihn,
wo du ihn findest;
hol' ihn vom Sessel
des Kaisers hinweg!
Denn ich begehre ihn
mit meiner Seele
heißesten Gluten.

E u d o k i a (aufstehend):

Ich schaff' ihn dir. (Ab.)

T h e o p h a n o

(tritt an die große Tür links und schlägt ein Gong. Der Haushofmeister erscheint.)

H a u s h o f m e i s t e r:

Was befiehlt die große Prinzessin?

T h e o p h a n o:

Sklaven und Tänzer herbei! Ich fei're heut
ein Fest.

H a u s h o f m e i s t e r

(verbeugt sich und steht zögernd).

T h e o p h a n o (ungeduldig):

Was zögerst du?

H a u s h o f m e i s t e r:

Herrin, bange Sorge treibt mich, zu reden.
Es droht Gefahr.

T h e o p h a n o:

Wem? Mir?

H a u s h o f m e i s t e r:

Dem Kaiser.

T h e o p h a n o:

Wie? Woher?

Haushofmeister:

Rings im Palaste wispert Verrat,
und das Volk auf der Gasse draußen
wartet, daß einer ihm das Zeichen gebe.

Theophano:

Sind sie des Psalmenbetens müde?

Haushofmeister:

Er ist der Kaiser nicht von Byzanz, er ist ein Priester.

Schwerer dünkt dem Volk sein Joch als harte Fron.
Soeben erließ er den Befehl, der in Byzanz
für einen Monat Tanz, Lustbarkeit und weltlich Spiel verbietet,
damit das Volk in stiller Buße für seine Sünden um Vergebung flehe.

Theophano:

Was sagst du? Das befahl er?

Haushofmeister:

Soeben hat er die Archonten versammelt
und ihnen seinen kaiserlichen Willen kundgetan.
Darum erschreckt es mich, daß du o Herrin,
heut Abend hier ein Freudenfest befiehlst.

Theophano (herrisch):

Tu, was ich dir sagte!

(Nimmt einen goldenen Reif von ihrem Arm und gibt ihn ihm):

Und sei bedankt!
Heute will ich lustig sein.
Morgen – vielleicht – – –
– – Wie sagte er? – – (im Abgehen für sich):
Draußen wartet das Volk,
„daß einer ihm das Zeichen gebe“ – –

(Ab durch die Tür links.)

Haushofmeister

(klatscht in die Hände).

(Sklaven erscheinen, die auf seinen Befehl das Tor im Hintergrunde schließen und einen starken Querbalken davor legen. Andere ziehen währenddessen die Vorhänge zu und entzünden Lichter in der Halle. T ä n z e r und T ä n z e r i n n e n kommen aus der mittleren Tür, stehen in Gruppen zusammen, schwatzen und versuchen Stellungen, Tanzschritte. Unterdrücktes Gelächter. Der Haushofmeister treibt sie allgemach in den Garten hinaus. Die beiden Neger, halb nackt, treten, bloße, breite Schwerter vor den Leib haltend, in den Gang und schließen ihn nach rückwärts ab. Haushofmeister und Sklaven verschwinden.)

E u d o k i a (aus der mittleren Tür).

H a r a l d

(hinter ihr, von ihr an der Hand gezogen; er ist befangen. Sie stehen wartend bis Theophano aus der Tür links erscheint.)

T h e o p h a n o

(aus der Tür links).

E u d o k i a (zu ihr hin):

Süßeste Herrin,
dein Wunsch ist erfüllt.

T h e o p h a n o

(ohne auf sie zu achten, Harald mit flammenden Blicken messend):

Wie ich ihn liebe,
der meine Seele trunken macht?

E u d o k i a :

Süßeste Herrin,
du hast mir versprochen –

T h e o p h a n o :

Wie ich ihn liebe! Wie er schön ist!

E u d o k i a :

Süßeste Herrin,
wirst du nun Gnade
deiner treuesten Dienerin leih'n?

T h e o p h a n o :

Ist das die Stunde für Sklavenwünsche,
wenn die Herrin im Fieber glüht?

E u d o k i a :

Süßeste Herrin, ein Wort nur –

T h e o p h a n o :

Kupplerin! Weiche!
Sonst lass' ich dich peitschen.

E u d o k i a :

(taumelt empor, zur Tür links, wirft einen haßerfüllten, drohenden Blick zurück und verschwindet).

T h e o p h a n o

(steht und schaut Harald unverwandt an).

H a r a l d

(läßt sich zögernd auf ein Knie nieder).

T h e o p h a n o (schnell zu ihm hin):

Knie nicht, du Tor!
– Du süßer Tor!
Du sollst in mir
nicht die Prinzessin seh'n.

H a r a l d (leise):

Ich seh in dir
das schönste Weib der Erde.

T h e o p h a n o (ebenso):

Harald!

(Ergreift ihn bei der Hand und führt ihn zur Marmorbank.)

H a r a l d

(sitzt am äußersten Ende der Bank, nach dem Garten hin):

In jenen Klostermauern,
da meine Jugend wuchs,
sah ich mit Augen nur ernste Mönche,
hört' ich mit Ohren nur Singen und Beten.
Doch in mir lebte ein andres Leben;
woher mir's gekommen, ich weiß es nicht.
Brennende Sehnsucht lohte in mir
nach Glanz und Pracht,
nach rauschenden Festen,
nach stürmischer Stunden süßer Gewalt.

Und schöne Frauen
schritten durch meine Träume,
liebreich und hold,
daß mir die Tränen entstürzten,
wenn ich jählings erwacht.
Dann kam die Stunde – dann kam Byzanz:
Und ich sah dich, Theophano!
Du Strahlende,
vor dir versinkt die Pracht Byzanz',
Du einzig Schöne, mit dir
will ich die purpurnen Feste feiern,
die meine trunkene Seele sah.

T h e o p h a n o :

Mit mir
sollst du die purpurnen Feste feiern,
die deine trunkene Seele sah.

H a r a l d :

Theophano!

T h e o p h a n o :

Harald!

(Sie umarmen sich. Dann reißt sie sich von ihm los, läuft die Stufen hinauf zum Pavillon. Sich von oben über ihn beugend):

Sünder!
Böser Sünder!
Was wird der Kaiser sagen,
wenn er dich so erblickt?

H a r a l d

(den Kopf rückwärts an die Rundung der Pavillonmauer gelehnt, zu ihr hinauf):

Der Kaiser?
Lass' ihn beten
zu seinen Heiligen!
Ich, ich bete zu dir.

T h e o p h a n o :

Zitterst du nicht, ihn tötlich zu kränken?

H a r a l d :

Waräger zittern nie.

T h e o p h a n o :

Er ist der Herr der Welt.

H a r a l d :

Hab' er die Welt!
Eins hat er nicht,
nicht die köstliche Schwester,
die mir sich neigt.

T h e o p h a n o :

Höhnst du ihn noch?

H a r a l d :

Ich lache sein.

T h e o p h a n o :

Kannst du ermessen,
wie edel heiliges Kaisergeblüt?
Menschen leben im Staub der Erde,
bäumen sich, strecken sich
nach dem Erhabenen,
fallen zurück ins klanglose Nichts.
Purpurgeborne schreiten in Höhen,
Kaiserthrone stehen erhaben
an den Pforten des Himmelssaals,
Kaiserblut ist Gotte verwandt.

H a r a l d :

Wenn ich einst alt bin
will ich wohl glauben
an einen Himmel wie ihr – vielleicht.
Vielleicht auch kehr' ich
zur Heimat zurück.
Dort gibt's keinen Himmel,
noch Engel und Psalmen.
Odin tafelt beim Becherklang
in Walhalls fröhlichen Räumen.

T h e o p h a n o :

Hier oben ist Walhall.
Komm herauf zu mir!

H a r a l d

(aufstehend und sich an die Mauer lehnend):

Noch bin ich im Leben.
Komm herab zu mir!

T h e o p h a n o :

Helden müssen den Himmel stürmen.

H a r a l d :

Sterbliche Weiber müssen sich neigen.

(Er steht am Fuße der Treppe, mit ausgebreiteten Armen.)

T h e o p h a n o

(fliegt die Stufen herab in seine Arme).

B e i d e :

Höchste Wonne, im Sturm zu stehen,
kühn den taumelnden Kopf gereckt!
Höchste Wonne, in Liebe vergehen,
Wenn die Flamme zum Leben erweckt

(Theophano rührt an den nächsten Vorhang. Alle Vorhänge fliegen mit eins zurück. Der nächtliche Garten liegt in magischer Beleuchtung. Tänzer und Tänzerinnen stehen als Götterstatuen in den Nischen der rückwärtigen Mauer: in der Mitte Aphrodite, rechts Apollo, links Dionysos. Die übrigen Tänzer und Tänzerinnen als verehrende Festversammlung davor liegend und knieend. Apollo steigt zu ihnen herab und führt sie an zu einem Tanz voll strenger Schönheit. Dann mischt sich Dionys dazwischen. Wilde rauschende Lust quillt auf. Theophano mischt sich in den Strudel der Tanzenden. Alle fallen, ihr huldigend, zu Boden. Sie allein tanzt weiter. Harald springt dazwischen, fängt Theophano auf und trägt sie zur großen verhangenen Tür links. In diesem Augenblicke wird der Vorhang von oben nach unten gerissen, fällt zur Erde und bauscht sich um die Füße des)

A l e x i o s

(der totenbleich im Türrahmen steht. Hinter ihm)

B e w a f f n e t e

(dazwischen)

E u d o k i a .

H a r a l d

(lacht wild auf und preßt Theophano an sich):

Heissa! Schätzchen!

Dein frommer Bruder
kommt zur Hochzeit.

A l e x i o s :

Reißt das doppelköpfige
Tier entzwei!

B e w a f f n e t e

(stürzen sich auf die beiden und reißen sie auseinander).

A l e x i o s :

In Ketten ihn!
Und in den tiefsten Kerker!

H a r a l d (wird abgeführt).

A l e x i o s :

Theophano!

T h e o p h a n o

(ohne ihn zu beachten, zu Eudokia):

Kleine Tochter des Philosophen,
hast du dein Mütchen gekühlt?

A l e x i o s :

In ihr Gemach!
Wächter davor – (Er wankt.)
kein Mensch soll sie sprechen – (Er will fallen.)

E u d o k i a

(springt vor und will ihn halten):

Angebeteter –

A l e x i o s (schleudert sie weg):

Rühr' mich nicht an!
Verfluchte!

V o r h a n g .

Dritter Aufzug.

Die Szene zeigt einen düsteren Saal, der sein Licht irgendwoher aus der Höhe bekommt. Eine breite Treppe steigt im Hintergrund auf, Straßeneingang. In der r e c h t e n Seitenwand eine mächtige Bronzetür, erhöht, über zwei Stufen zu erreichen. Weiter zurück eine kleinere Tür. Links ebenfalls zwei Türen. Der Thronstuhl des Kaisers steht rechts vorn, überragt von einem holzgeschnitzten und buntbemalten Gekreuzigten.

Man hört draußen das dumpfe Branden der Volkserregung, aus der sich ab und zu ein heller Schrei losringt. D e r H e n k e r mit zwei Gehilfen kommt aus der kleinen Tür rechts, bezeigt dem Gekreuzigten seine Verehrung und geht links vorn ab.

Ein G e n e r a l mit mehreren Soldaten eben daher, ab durch die zweite Tür links. Indem er hinaus ist und die Türe offen läßt, drängen die F r a u e n der Theophano herein, scheu, mit starrer Angst in den Zügen. Sie stellen sich rechts und links von der Tür auf.

A r c h o n t e n und G e n e r a l e aus der zweiten Tür rechts, von Soldaten gefolgt. Sie lauschen auf das Toben des Volkes und stecken die Köpfe zusammen.

E r s t e r A r c h o n t:

Das Volk von Byzanz?

Z w e i t e r A r c h o n t:

Ein Wort genügt!

(Auf den Wink eines Generals besetzen Soldaten die Treppe im Hintergrund. Eine silberne Glocke läutet lang und heftig von draußen. Die Flügel der Bronzetür fliegen auf.)

A l e x i o s

(mit großem Gefolge tritt auf die Treppe heraus).

M ä n n e r s t i m m e n:

Christus erhalte deinen Ruhm.

F r a u e n s t i m m e n:

Christus erhalte deinen Ruhm
noch lange im – – –

A l e x i o s

(winkt ab. Die Männer verstummen, die Frauen plärren weiter):

Schweigt stille!
Mein Ruhm ist nicht fein.

(Er steigt langsam die Treppe hernieder, indes alle niederfallen. Er neigt sich tief vor dem Bild des Gekreuzigten):

Gekreuzigter! Gequälter!
Immer von neuem kreuzigt man dich!
Wende dein schmerzgezeichnetes Antlitz

bis ich gerichtet hab'.

(Er tritt auf die Erhöhung, auf der der Thronstuhl steht, läßt sich auf ihn nieder und winkt.)

Theophano

(aus der zweiten Tür links, gefolgt vom General und den Soldaten. Sie ist in ein ganz weißes Gewand gekleidet, ein weißer Schleier, zu beiden Seiten des Kopfes lang herabhängend, läßt nur ein längliches, viereckiges Stück ihres Gesichtes frei. Sie schreitet zwischen den Frauen hindurch, die bei ihrem Anblick zum Teil aufschluchzen. Sie weist sie mit einer herrischen Gebärde zur Ruhe, stellt sich, halb nach vorn gewendet, auf und wirft einen fragenden Blick zu den Archonten und Generälen hinüber. Die verneigen sich tief.)

Alexios

(der sich langsam erhoben hatte, sinkt, da sie ihn gar nicht beachtet, in seinen Sitz zurück und gibt ein zweites Zeichen).

Harald

(wird vom Henker und seinen Gehilfen hereingebracht. Er ist mit Ketten beladen, aber aufrecht, ein wildes Feuer in seinen Augen. Sobald er auftritt fährt sein Kopf nach dem Hintergrund herum, wo die Frauen stehen. Da er Theophano gewahrt, richtet er sich noch höher auf und grüßt sie mit seinem Blick. Dann schweift sein Auge über die Versammlung der Männer und bleibt schließlich hohnglühend auf Alexios haften).

Harald:

Wie groß und feierlich!
Die Feste folgen sich,
doch gleichen sie sich nicht.

Alexios:

Harald! Warägersohn!
Aus niederem Stande aufgestiegen – – –

H a r a l d :

Krieger waren die Ahnen alle!

A l e x i o s (sich gewaltsam beherrschend):

– – – aus niederem Stande.
Eines Kaisers Gunst und Gnade
machte dich zum Gespielen des Sohnes.

H a r a l d :

In langer, trauriger Klosterfron
hab' ich es abgedient.

A l e x i o s :

Ein unerhörtes Glück erhob
dich zum Freunde des Kaisers – – –

H a r a l d :

Und zum Geliebten der Schwester!

A l e x i o s :

Rasender!
denkst du daran:
An meiner Gnade hängt dein Leben!

H a r a l d (lacht):

Gnade! Du Frömmler!
Glaub' mir, ich kenn' dich!
Eher vergehst du, eh' du verzeihst,
was ich getan!

A l e x i o s :

Was du getan!
Mußt du mich mahnen?
Ja, Unsel'ger, wisse, du stehst vorm Tode!

H a r a l d :

Heia, der Tod!
Wie ich ihn grüße!
Jauchzend sind die Warägersöhne
immer dem Tod entgegengestürmt!
Glaubst du, daß ich ihn greinend empfange?

A l e x i o s :

Harald, Unsel'ger!

H a r a l d:

Nicht dein Himmel,
nicht die Erlösung,
selber der Tod ist jubelnde Lust!

A l e x i o s:

Läst're nicht!

H a r a l d (in dämonischer Glut):

Wenn ich den tötlichen Streich empfange,
strahlt in meinem Blick noch einmal auf
des Lebens Flamme in heller Glut!
Und im letzten Blitz des Denkens
nehm ich mir das Weib,
das mir Tod und Leben einet –
deiner Schwester Leib!

A l e x i o s:

Halt ein! – Verruchter!

H a r a l d:

Einmal noch abwärts
die schneeige Halde ihrer Schultern
gleitet mein Blick,
Einmal noch strahlt ihr heißes Auge
meine wilden Wünsche zurück,
Einmal noch zittert in meinen Armen –

A l e x i o s:

Hör' auf! Hör' auf!

H a r a l d:

– – – ihrer Glieder geschmeidige Pracht,
Einmal noch drängt sich
in heißester Sehnsucht
an mich ihr Leib mit zärtlicher Macht –

A l e x i o s (rasend):

Henker! Henker!
Schnell! Tu' dein Amt!

H a r a l d

(vom Henker und seinen Gehilfen rückwärts gerissen):

Ewig das Wort vor Augen dir steht
in blutigem Schein –
deine Schwester ist mein!

T h e o p h a n o

(die der Szene mit glühender Anteilnahme gefolgt ist, springt mit einem jubelnden Aufschrei vor, die Gehilfen des Henkers weichen zurück. Sie reißt dem Henker das Schwert aus der Hand, wirft es zu Boden, setzt den Fuß darauf und blickt mit wildem Triumph den Kaiser an. Ein Ruck geht durch die Archonten und Generale, die sich nunmehr schon auf die Seite der Theophano schieben):

Keines Henkers Schwert
soll ihn berühren!

A l e x i o s :

Theophano! Purpurgeborene!

(Zu den anderen):

Nein – fort mit euch allen!
Laßt uns allein!
Was kümmert euch
der Purpurgebornen Sache!

T h e o p h a n o :

Nein – bleibt alle hier!
Was hier geschieht, geht alle an!

(an Haralds Halse):

Einziger du, der meine Seele
trunken macht!

A l e x i o s :

Soll ich die Zwillingsschwester,
soll ich mein anderes Ich zerstören?

T h e o p h a n o :

Dein a n d e r e s Ich!
Begreifst du das nun?
Ein a n d e r e s Ich ist deine Schwester!
Heiße Sehnsucht wohnt in uns beiden,
wandert durch unser Blut ohne Rast.

Weiße Flamme ward sie in dir,
die sich verehrend zum Himmel wendet.
In rote Gluten bin ich getaucht!
Der Erde Freuden begehr' ich mir!
Nimm deinen Himmel,
Laß uns das Leben!
Laß uns das lebenbegehrende,
jauchzende Kaiser-Byzanz!

(Jubelnder Zuruf der Archonten und Generale, die sich jetzt alle auf Seiten der Theophano schieben. Nur ein einziger Getreuer bleibt bei Alexios.)

A l e x i o s :

Laß euch die Sünde und das Verderben!
Führt sie zum Tode alle beide!

T h e o p h a n o (auflachend):

Wer soll uns führen?

A l e x i o s :

Das Urteil ist gefällt!
Ist niemand hier, es zu vollstrecken?

(Aufschreiend):

So muß ich selbst – – –

(Alexios läuft die Stufen des Thrones herab, ergreift das am Boden liegende Schwert des Henkers und stürzt sich auf Harald. Alles schreit auf, nur Harald bleibt ruhig. Indem er Alexios furchtlos entgegensieht, hebt er ein wenig die gefesselten Hände. Da läßt Alexios das Schwert zu Boden fallen.)

A l e x i o s :

Nein, ich kann nicht,
ich darf nicht töten!

(Alexios schreitet zu der Christusfigur am Thronsessel und wirft sich vor ihr nieder):

Herr Jesus Christ, sei bedankt,
daß du das Schwert mir schlugst
aus der Hand!
Herr Jesus Christ, nun führe mich du
auf deinem Weg zum Frieden!

(Auf einen Wink Theophanos tritt jetzt der Henker herzu und entfesselt Harald. Der reckt die Arme hoch empor und tut einen Schritt auf den noch immer knieenden Alexios zu. Von Theophanos Hand wird er zurückgehalten. Alexios erhebt sich. Indem er sich der Versammlung zuwendet, nimmt er von seiner Brust den Ölzweig, das Geschenk des Abbas. Sein Blick, der zuerst die Anwesenden umfaßte, scheint nun ins Weite, Leere gerichtet. Ganz entrückt, visionär):

Ich wollt' am Throne steh'n,
als ein Diener Christ's des Herrn.
Lächelnden Frieden wollt' ich führen
Durch die schauernden Gassen der Stadt.

Die Stadt will meinen Frieden nicht – – –
Die Schwester selbst ist wider mich.

(Er läßt den Purpurmantel von den Schultern fallen und nimmt den Reifen von der Stirn):

Nehmt zurück, was ihr mir brachtet,
dieser Welt Herr kann ich nicht sein!

(Langsam schreitet Alexios die Stufen des Thrones herab, durch die schweigende Versammlung dem Tor im Hintergrunde zu.)

Ein Getreuer

(sich ihm in den Weg werfend):

Erhabener, geh' nicht hinaus,
sie werden dich töten!
Schone den jungen, geheiligten Leib!

Alexios

(wehrt den Getreuen sanft ab und schreitet weiter, die Stufen hinauf zu dem großen Tor im Hintergrunde. Er stößt das große Tor auf. Man erblickt die tosende Volksmenge, deren Gebrüll beim Anblick des Kaisers mächtig anschwillt. Furchtlos steht Alexios da, bis das Geschrei schwächer wird und endlich nach Aufheben seiner Hände ganz verstummt. Da schreitet der Kaiser in die lautlose Menge hinein, die ihm unwillkürlich eine Gasse bildet. Wieder wächst das Gemurmel des Volkes. Plötzlich ertönt ein einzelner furchtbarer Aufschrei. Darauf Totenstille. Der Getreue, der dem Kaiser von der Höhe der Treppe nachgespäht hat, dreht sich um und erdolcht sich. Theophano ergreift Haralds Hand und schreitet mit ihm, hocherhobenen Hauptes, dem Thronsessel zu. Während sie sich mit Stirnreif und Purpurmantel bekleidet, fallen alle huldigend auf die Knie, erheben sich dann und brechen in den größten Jubel aus.)

Ende.